# RECUEIL GÉNÉRAL

## de Jurisprudence, de Doctrine & de Législation Coloniales

### LA TRIBUNE DES COLONIES ET DES PROTECTORATS

Sous le Haut patronage du Ministère des Colonies françaises

DIRECTEUR : **D. PENANT**, *ancien notaire*

Ancien Délégué élu des Colonies françaises, Membre du Conseil supérieur des Colonies.

## COMITÉ CONSULTATIF DU RECUEIL GÉNÉRAL

MM. **Bodington**, avocat anglais.

**Bouchié de Belle**, ancien avocat au Conseil d'Etat et à la Cour de cassation.

**Dedé**, avocat au Conseil d'Etat et à la Cour de cassation.

**Hamelin** (Maurice), auditeur au Conseil d'Etat.

**Harmand**, ancien ambassadeur de France.

**P. Leboucq**, sous-chef de bureau au ministère de la justice.

**Thibault** (Fabien), ancien chef du Contentieux et directeur des Douanes Métropolitaines.

## Questions de droit international public et privé

# L'AFFAIRE SAVARKAR

### Différend anglo-français
### en matière de droit d'asile et d'extradition

### Par **Maurice HAMELIN**,

*Membre du Comité consultatif du Recueil général.*

PARIS

**A l'Administration du Recueil Général de Jurisprudence, de Doctrine et de Législation Coloniales**

*33, Chaussée-d'Antin, 33*

1911

# L'AFFAIRE SAVARKAR

# RECUEIL GÉNÉRAL

## de Jurisprudence, de Doctrine & de Législation Coloniales

LA TRIBUNE DES COLONIES ET DES PROTECTORATS

Sous le Haut patronage du Ministère des Colonies françaises

---

DIRECTEUR : **D. PENANT**, *ancien notaire*

Ancien Délégué élu des Colonies françaises, Membre du Conseil supérieur des Colonies.

---

## COMITÉ CONSULTATIF DU RECUEIL GÉNÉRAL

MM. **Bodington**, avocat anglais.
  **Bouchié de Belle**, ancien avocat au Conseil d'Etat et à la Cour de cassation.
  **Dedé**, avocat au Conseil d'Etat et à la Cour de cassation.
  **Hamelin** (Maurice), auditeur au Conseil d'Etat.
  **Harmand**, ancien ambassadeur de France.
  **P. Leboucq**, sous-chef de bureau au ministère de la justice.
  **Thibault** (Fabien), ancien chef du Contentieux et directeur des Douanes Métropolitaines.

---

# L'AFFAIRE SAVARKAR

Différend anglo-français
en matière de droit d'asile et d'extradition (1).

## Par **Maurice HAMELIN**,

*Membre du Comité consultatif du Recueil général.*

---

Un décret du 11 novembre dernier, inséré au *Journal officiel* du lendemain, a approuvé le compromis d'arbitrage relatif à l'affaire Savarkar signé à Londres, le 25 octobre 1910, entre la France et la Grande-Bretagne. Les deux Gouvernements, en effet, avaient décidé de soumettre à l'arbitrage les questions de fait et de droit soulevées par l'arrestation et la réintégration à bord du paquebot « Morea », le 8 juillet 1910, à Marseille, de l'Indien Vinayak Savarkar, évadé de ce bâtiment où il était détenu, ainsi que la réclamation de l'Etat français, tendant à la restitution de Savarkar.

Aux termes du compromis, le tribunal arbitral doit être composé de cinq

---

(1) Extrait du Recueil général de Jurisprudence, de Doctrine et de Législation coloniales.

arbitres choisis parmi les membres de la Cour permanente de la Haye, qui se réuniront le 14 février 1911, et rendront leur sentence dans les trente jours, après examen des mémoires et contre-mémoires aux conditions spécifiées dans l'accord. L'objet de leur délibération sera de savoir si, conformément aux règles du droit international, l'hindou Savarkar doit être ou non restitué par l'Angleterre au Gouvernement français. C'est l'examen de cette question qu'il a paru intéressant de faire ici, car elle soulève un problème nouveau en matière d'extradition.

Les faits qu'il est utile de rappeler tout d'abord sont les suivants :

L'Indien Savarkar, correspondant à Londres du journal indigène « Kal » où il glorifiait la série d'attentats perpétrés par ses compatriotes contre les Anglais dans l'Inde, avait été arrêté à Kensington et incarcéré à bord du paquebot de la Compagnie de navigation péninsulaire et orientale « Morea » qui le ramenait à Bombay. Il devait être traduit devant les tribunaux de cette ville afin d'y répondre du crime de provocation à l'assassinat, de complicité dans le meurtre de M. Jackson, employé de l'Indian civil service, et de participation à un complot révolutionnaire. Le paquebot fit relâche à Marseille et il paraît que le gouvernement français avait été avisé de ce fait qui ne donna lieu de sa part à aucune observation. Mais alors que le navire était dans le port, Savarkar, s'échappant par le hublot de la cabine de bain, réussit à fuir. D'après la version anglaise, à peine avait-il mis le pied sur le quai qu'il fût aperçu par un gendarme maritime qui l'arrêta et le reconduisit à bord du « Morea », malgré ses protestations qu'il ne comprenait pas. On sait, en effet, qu'aux termes de conventions consulaires, les marins des navires étrangers qui désertent sont arrêtés et remis aux commandants de ces navires. La procédure est, dans ce cas, extrêmement simple et rapide ; elle est fixée, entre la France et l'Angleterre, par les conventions des 23 juin et 24 juillet 1854.

Mais Savarkar soutint que les faits ne s'étaient pas passés ainsi, il prétendit avoir pu gagner les rues de la ville et il déclara avoir été arrêté par des détectives anglais qui s'étaient mis à sa recherche. Il protesta donc énergiquement contre son arrestation. On comprend sans peine toute l'importance de cette question de fait, car si l'allégation de Savarkar était reconnue exacte, l'illégalité de l'arrestation ne serait pas douteuse, et sa remise à l'Etat qui se plaindrait de la violation de son droit de souveraineté territoriale s'imposerait sans qu'il soit besoin de se livrer à un plus ample examen.

Les protestations et les réclamations de Savarkar parvinrent jusqu'au gouvernement français. On demandait à ce dernier de se faire rendre par la Grande-Bretagne la victime de cette arrestation, qualifiée d'illégale et d'irrégulière, et, en même temps, on appelait son attention sur la nature politique des délits reprochés à l'Hindou, ce qui, d'après les règles du droit international, devait l'exonérer d'extradition. Aussi des pourparlers furent engagés par la France avec la Grande-Bretagne, pourparlers qui aboutirent, comme on l'a vu, à un compromis d'arbitrage.

Au fond, la question à résoudre est une question d'extradition, mais comme l'individu susceptible d'être extradé se trouve aux mains de l'Etat requérant sans que les formalités régulières aient été suivies, il faut examiner, en premier lieu, si la restitution à la France est légitime et fondée. Remarquons que c'est là la seule question qui est soumise au tribunal arbitral de La Haye. Celle de l'extradition pourra ensuite se poser ou non suivant que la remise de l'Indien par l'Angleterre sera ou non ordonnée. Nous étudierons donc successivement ce double problème : celui de la remise d'abord et celui de l'extradition ensuite en supposant la remise ordonnée.

Une observation préalable est nécessaire : c'est que les règles relatives à la remise des marins déserteurs n'ont rien à faire dans l'espèce, et il faut les écarter du débat. En outre, et avant d'aborder notre étude, il n'est pas inutile de donner quelques indications très sommaires sur l'état de trouble et d'agitation politique existant dans l'Inde britannique. Certes, toute la péninsule de l'Hindoustan n'est pas en révolte contre l'autorité britannique, et il n'y a, à l'heure actuelle, depuis 1906 principalement, d'agitation marquée que dans les provinces du Deccan, du Bengale et du Pundjab. Cette agitation est entretenue par le parti de l'Arya Samaj dont le mot d'ordre est : l'Inde aux Hindous. Le fondateur de ce parti, le brahmane Dayanand, avait en vue une réforme religieuse ; mais en fait sa doctrine, qui a eu pour effet de surexciter le nationalisme indien, a revêtu un caractère agressif et nettement révolutionnaire. Presque tous les accusés, lors de la découverte des bombes à Calcutta, en 1908, appartenaient à l'Arya Samaj et le but véritable de ce parti, qui est la suppression de la domination britannique, est devenu évident, sans contestation possible. Il en est de même, quoiqu'à un degré moindre, du mouvement réformateur ou swadeshite, qui s'est manifesté presque dans tout l'Hindoustan ; il ne se borne pas à demander pour l'Inde un système de self-government analogue à celui des autres grandes possessions anglaises, il a en vue, pour beaucoup de ses adeptes, une révolution politique, avec l'exclusion complète et absolue des étrangers.

Au surplus, les Anglais, et c'est une justice à leur rendre, ont accordé récemment aux Indiens certains droits politiques, et un système représentatif a été inauguré, non pas tant sous la pression des événements que parce que cette réforme leur a paru légitime et fondée. Mais les meurtres et les complots anarchistes ayant continué de plus belle, la nécessité de mesures répressives s'est imposée au Gouvernement britannique qui a dû notamment renforcer sa législation sur la presse en 1907, ce dont il a déjà pu constater les bons résultats. L'agitation révolutionnaire n'a cependant pas cessé ; au mois d'août dernier, une conspiration a été découverte au Bengale et 42 accusés sont actuellement arrêtés à Dacca.

A Bombay et dans le district de Nasik, un autre complot a été éventé à la suite de l'assassinat de M. Jackson, collecteur d'impôts : des étudiants, des gradués d'Université, des brahmanes avaient résolu d'obtenir un régime de « home rule » par tous les moyens possibles, au besoin par le meurtre, et ils ne reculaient pas devant le vol pour se procurer les fonds nécessaires. Ils se livraient également à la fabrication des bombes et des explosifs. La plupart de ces révolutionnaires hindous reçoivent des encouragements du dehors et beaucoup des leurs, réfugiés au Canada et au Japon, leur envoient des subsides. L'Indien Savarkar — dont l'arrestation fait l'objet de cette étude — avait pris part, dès 1903, au mouvement révolutionnaire, et il s'était affilié aux sectes swadeshites. En 1906, sa propagande orale devint particulièrement active, et, jugeant que son action pourrait être plus féconde loin de l'Inde, il alla à Londres où il fonda une société secrète, et il rédigea à l'usage de ses compatriotes une vie du conspirateur italien Mazzini qui fut répandue à des milliers d'exemplaires dans tout l'Hindoustan.

En même temps, il multipliait ses écrits incendiaires et faisait l'apologie du meurtre et de l'assassinat. C'est à Londres même, au sein de sa société, que fut décidé le meurtre de sir W. Curzon Willie. De plus, d'autres charges non moins graves ont été relevées contre lui, et on s'explique ainsi fort bien son arrestation de la part du Gouvernement anglais. Ce dernier, il faut le remarquer, fait preuve vis-à-vis des Indiens d'un grand sang-froid et d'une longue magnanimité : il se refuse à les considérer dans leur ensemble comme des agitateurs révolutionnaires, et il fait le départ entre ceux qui, en demandant des réformes politiques, ne font qu'exercer un droit, et les véritables anarchistes, apologistes de crimes et de délits, dont l'action est inadmissible à tous égards.

A la date du 24 décembre dernier, le tribunal spécial de la Haute-Cour de Bombay vient, après 69 jours d'audience, de rendre son arrêt dans l'affaire du complot de Nasik. Sur 38 accusés, 26 ont été reconnus coupables et condamnés à diverses peines. Parmi eux, se trouve Savarkar, condamné aux travaux forcés et à la confiscation de ses biens, mais à son égard l'exécution de la sentence est suspendue.

L'instruction judiciaire, qui a duré un an, a établi avec complète évidence l'existence dans le district de Nasik d'une association révolutionnaire dont Savarkar était l'inspirateur et le chef. Ce dernier est, en outre, inculpé de complicité de meurtre, et l'instruction est en cours à ce sujet.

I

La restitution par la Grande-Bretagne de l'hindou Savarkar est-elle légitime et sa remise à la France s'impose-t-elle conformément aux règles du droit international ? Nous croyons pouvoir répondre sans hésitation par l'affirmative.

Il en est ainsi d'abord si l'arrestation de Savarkar est le fait de détectives anglais, parce que dans ce cas il y aurait une atteinte au principe de la souveraineté territoriale de l'Etat français. Mais même en admettant comme établie la thèse du gouvernement anglais, que cette arrestation a été due à un gendarme français, la remise de Savarkar à la France est absolument justifiée par la pratique internationale, ainsi que nous allons nous efforcer de le démontrer. Comme on l'a expliqué, l'Hindou était détenu à bord d'un navire de commerce britannique, et il est certain que l'escale à Marseille ne modifiait pas sa situation juridique, d'abord parce que le gouvernement français avait été mis au courant de la détention de l'inculpé à bord et de la relâche possible du navire dans les ports français. Remarquons que même si le gouvernement anglais avait omis de porter ce fait à la connaissance de la France, cela n'aurait aucune espèce d'importance et n'apporterait aucun changement à la situation du détenu. On peut se demander, dans ces conditions, pourquoi l'Angleterre a cru devoir procéder à cette notification, et la réponse est assez facile à trouver.

On sait qu'en France et dans nombre d'autres Etats, on considère que les vaisseaux de commerce se trouvant dans les eaux juridictionnelles ou territoriales d'un Etat étranger sont, pendant la durée de leur séjour, soumis à la juridiction et à la police de cet Etat.

Mais ces vaisseaux et leurs équipages restent, même dans les eaux étrangères, soumis aux lois de leurs pays. Pour résoudre un conflit possible entre deux juridictions au sujet des questions touchant au droit public, au droit criminel notamment, on admet qu'il y a deux classes de faits délictueux (1). Dans la première on place les actes de pure discipline intérieure, les délits de fonctions et les délits communs commis par un homme de l'équipage contre un autre homme de l'équipage, lorsque la tranquillité du port n'en est pas troublée. L'autorité française ne doit pas s'occuper de ces actes, à moins que son secours ne soit réclamé. La seconde classe comprend les crimes ou délits commis même à bord contre ou par des personnes étrangères à l'équipage et ceux accomplis par les gens de l'équipage entre eux lorsque la tranquillité du port est troublée. Nos tribunaux de répression connaissent alors de ces faits délictueux.

Le système anglais va plus loin que le nôtre. Les tribunaux anglais se déclarent compétents à l'égard de tous les crimes et délits commis à bord des navires de commerce, même quand la tranquillité des ports ou des eaux territoriales n'est pas troublée. De plus, en vertu d'une loi dénommée « territorial waters jurisdiction act, 1878 », les autorités britanniques ont le droit de poursuivre tous les délits commis dans les eaux territoriales anglaises jusqu'à la distance de trois milles marins, que l'auteur de l'acte soit indigène ou étranger, et même si le délit a été commis à bord d'un navire étranger. Telles sont les règles concernant les bâtiments de commerce. Pour les navires de guerre, elles sont différentes, ces derniers sont inviolables et les personnes qui les montent exemptes de la juridiction soit civile, soit criminelle de l'Etat dans les eaux duquel elles se trouvent. On leur applique la fiction de l'exterritorialité, et c'est ce qui fait reconnaître en général un droit d'asile à bord des navires de guerre étrangers. Mais il est inutile d'étendre davantage ces explications sans intérêt dans l'espèce actuelle, et il faut revenir au cas de détenus à bord des navires de commerce se trouvant dans les eaux étrangères.

_____

(1) V. Bonfils, *Manuel de droit international public*, 1901, p. 359.

La théorie française considère que la situation de ces détenus ne change pas, le pouvoir de police de l'Etat ne pouvant se manifester qu'à l'occasion de délits ou de troubles actuels, l'escale constitue un simple incident de voyage. (V. *Journ. de droit intern. privé*, 1896, aff. Barrauddia). La pratique anglaise est plus étendue, ainsi qu'on l'a expliqué, et on peut se demander si l'Etat anglais ne s'estimerait pas en droit, suivant les circonstances, de faire relâcher des captifs à bord de navires de commerce étrangers entrant dans ses ports. C'est ainsi qu'il a été décidé qu'un *habeas corpus* serait fondé pour examiner la légalité de la détention de prisonniers sous mandat d'arrêt canadien, à bord d'un navire de commerce entrant dans un port britannique (Canadian Prisoner's case 1839 ; London's case 1896). Dans le premier cas, les prisonniers canadiens étaient en route pour être transférés en Tasmanie et leur détention fut jugée illégale en Angleterre. Dans le second, un Allemand extradé du Canada avait été amené à Liverpool, on estima nécessaire la délivrance d'un nouveau mandat (fresh warrant) pour son extradition de l'Angleterre à l'Allemagne (1). Dans le Mail Ships act de 1891 (54 et 55, Vict. 631, S. 4), il y a également des dispositions qui limitent la possibilité de mise à exécution des procédures à bord des paquebots étrangers se trouvant dans les ports anglais. Il est à remarquer, en tout cas, que le gouvernement anglais, en avisant le gouvernement français, évitait toute contestation relative au fait de la détention de Savarkar à bord d'un paquebot anglais faisant escale à Marseille, et cela dans l'hypothèse où la France eût été disposée à admettre une théorie aussi large que celle anglaise, ce qui n'est pas, ainsi qu'on l'a indiqué.

Au surplus, par sa fuite, Savarkar a enlevé tout intérêt à l'examen approfondi et détaillé de cette hypothèse. Il est constant qu'il a réussi à gagner le port de Marseille. Est-il fondé à revendiquer par suite un droit d'asile ? On n'éprouve pas d'hésitation à répondre par la négative, car il n'existe pas de droit à l'asile et au refuge. Ce peut être un devoir moral pour un Etat de l'accorder dans certains cas, ce n'est jamais un droit pour celui qui l'invoque, car l'asile est un effet de la souveraineté de l'Etat, toujours libre de le consentir ou non, de le restreindre en le soumettant aux conditions qu'il juge nécessaires, et même de le faire cesser par le procédé de l'expulsion. Le fait que l'expulsion peut se trouver subordonnée à certaines règles telles que la communication des motifs allégués à son appui aux agents diplomatiques intéressés, ou encore à la nécessité d'actes troublant la tranquillité publique, n'en change pas la nature discrétionnaire.

On pourrait, d'ailleurs, soutenir que jamais Savarkar n'a obtenu d'asile en France (2). En effet, selon la version anglaise, le gendarme qui a procédé à son arrestation s'est emparé de lui dès qu'il mit le pied sur le quai et le rendit de suite aux autorités du navire. Ce n'est que plusieurs jours après

---

(1) V. le *Journal du droit international privé*, Clunet, année 1911, p. 159.

(2) V. en ce sens une opinion anglaise dans le *Journal de droit intern. priv.*, Clunet, 1911, p. 159.

qu'il eût quitté le port qu'il songea à le revendiquer. Et l'auteur de la note insérée dans le *Journal de droit international privé*, 1911, p. 159, considère que, du moment que les autorités légales françaises ont refusé d'admettre le fugitif dans le pays, sa position n'était pas plus favorable que celle d'un immigrant étranger rejeté d'un port anglais par le motif qu'il est un criminel : cet immigrant ne pourrait certainement pas prétendre qu'il a obtenu un asile en Angleterre.

Cette opinion nous semble quelque peu subtile et il est plus simple, selon nous, de se borner à affirmer, ainsi, du reste, que cela est reconnu universellement aujourd'hui, qu'il n'y a pas de droit d'asile pouvant faire l'objet d'une revendication juridique de la part d'un réfugié.

Remarquons, dans cet ordre d'idées, la situation spéciale de certaines possessions asiatiques. D'abord, les rapports extraditionnels entre les établissements anglais et français de l'Inde sont soumis à des règles particulières (1) fixées par l'art. 9 du traité du 7 mars 1815. Au cas d'infractions commises dans les limites des établissements et factoreries des deux gouvernements dans l'Inde, les délinquants, même coupables de délits politiques, sont livrés aux autorités réclamantes sans autres formalités. Comme on le voit, l'asile est suspendu pour ces possessions les unes envers les autres. A signaler, d'autre part, une particularité de la législation de l'Etablissement anglais des Détroits : un accusé, embarqué à bord d'un navire étranger dans les eaux coloniales, peut être saisi et extradé par une procédure sommaire s'il s'échappe, qu'il soit accusé politiquement ou non (2). De même, à Hong-Kong, les navires ayant à bord des accusés à destination de leurs pays respectifs et reçus des mains des cours consulaires de Chine, peuvent pénétrer dans les eaux coloniales et sont garantis contre tout risque de fuite de la part de ces accusés.

Mais tous ces cas, qu'il était intéressant de rappeler, sont exceptionnels. Il en est de même dans certains Etats africains ou asiatiques, où, à la suite de capitulations ou d'arrangements spéciaux, le gouvernement anglais applique les dispositions du « Fugitive offenders act 1881 (44 et 45 Vict. ch. 69) et du Foreign jurisdiction act 1890 (53 et 54 Vict. ch. 37) » permettant aux cours consulaires britanniques d'arrêter les criminels anglais en territoire étranger (3). Il faut remarquer que si, en principe, la loi criminelle anglaise est strictement territoriale et locale, le « Foreign jurisdiction act » permet de l'étendre à toutes les classes de sujets britanniques dans toutes les parties du monde. C'est ainsi que les indigènes des contrées placées sous la domination anglaise relèvent de cet act. Si la restitution de Savarkar, par la Grande-Bretagne à la France n'a sa base ni dans le droit de police et de

---

(1) V. Leboucq. De l'extradition dans les colonies et les pays de protectorat dans Penant, *Recueil général de jurisprudence, de doctrine et de législation coloniales*, mars, avril, mai et juin 1909.

(2) *Journ. du dr. intern. privé*, Clunet, 1911, p. 162.

(3) Craies, dans le *Journ. de dr. intern. privé*, Clunet, 1895, p. 1022.

souveraineté territoriale, ni dans le droit d'asile, il n'en reste plus qu'une à lui donner : c'est celle que l'on peut tirer de la non-observation des formalités d'extradition. A notre avis, elle est décisive et suffit pleinement à justifier cette remise,

Savarkar ayant été remis aux autorités anglaises, il y a eu, en fait, extradition. Or, l'extradition, qui est un contrat du droit des gens, se trouve vicié par les mêmes causes que les contrats ordinaires. C'est ainsi que le consentement des parties contractantes doit être donné en pleine connaissance de cause et, lorsqu'il est entaché de dol, de violence ou d'erreur, il a pour effet de rendre la convention nulle. Et, dans un cas où l'on avait procédé à une extradition de nationaux, contrairement à la règle admise en France, ou plutôt à une livraison pure et simple de nationaux, on obtint la reddition des individus livrés à tort (1). Il s'agissait de sous-officiers et de soldats en garnison au Dahomey, qui, après avoir abandonné leur poste, s'étaient réfugiés dans les territoires anglais de la Nigeria septentrionale, au mois de juin 1901. Au cours d'une rixe, ces déserteurs tuèrent un capitaine anglais et se sauvèrent en territoire français, où ils se présentèrent au poste de Filingué. Le chef de ce poste, sur l'ordre du lieutenant-colonel Péroz, commandant la région militaire de Niger-Tchad, les livra aux autorités anglaises, qui les dirigèrent sur Gebba, dans le Bas-Niger, afin d'y être jugés.

Le Ministre des Colonies, dès qu'il fut instruit de ces faits, rappela le lieutenant-colonel Péroz, qui avait négligé d'observer les règles ordinairement suivies, et il avisa le Ministre des Affaires étrangères. A la suite de pourparlers diplomatiques, les individus livrés nous furent rendus. Il fut établi, en effet, que les déserteurs avaient la nationalité française et avaient été livrés dans l'ignorance de leur qualité. Abstraction faite du défaut de procédure régulière, cette ignorance avait suffi à vicier le consentement de l'une des parties et, par suite, rendu l'extradition nulle.

La théorie se trouve, d'ailleurs, sur ce point d'accord avec la pratique, et voici comment s'exprime à ce sujet l'auteur d'un traité classique sur l'extradition, M. Bernard (2), citant à son tour l'opinion d'un autre auteur, M. Billot : « Supposons qu'un malfaiteur soit arrêté dans un pays de refuge et que, sans autorisation, des agents subalternes fassent opérer son extradition avant que les autorités compétentes aient statué sur la demande d'extradition. Dans une telle hypothèse, la remise du fugitif est sans portée juridique, aucun consentement n'a été donné, le contrat est nul et l'Etat requis est fondé à réclamer la restitution de l'extradé ». Comme on le voit, c'est exactement le cas qui nous intéresse. Ne pourrait-on pas soutenir alors que le réfugié ainsi livré a renoncé aux formalités de l'extradition et que, par suite, sa remise devient régulière ? Non, dit encore M. Bernard, car l'extradition n'est pas

---

(1) Leboucq. *De l'extradition dans les colonies et pays de protectorat*, Recueil Penant, *op. cit.*

(2) Bernard. *Traité de l'extradition*, 1883, t. II, p. 27.

assimilée à une mesure de police dans laquelle les droits de l'extradé se trouveraient dépourvus de toute garantie, et quand il y a extradition volontaire, il faut que la renonciation de l'extradé aux formalités diplomatiques et judiciaires soit absolument libre et sincère. Aussi, cet auteur déclare irrégulier le fait des agents d'un Etat requis se mettant à la recherche d'un malfaiteur qu'on leur signale, l'arrêtant et le livrant [aux agents du pays requérant en alléguant que le détenu renonce aux formalités de l'extradition. Est irrégulière également la pratique tendant à déguiser l'extradition sous la forme d'une expulsion : on ramène l'extradé à la frontière où il est censé recouvrer fictivement sa liberté, tandis qu'en réalité, on le remet à la force publique de l'Etat requérant. Sur ce dernier point, des décisions judiciaires corroborent la thèse des auteurs et nous nous bornerons à citer le très important arrêt de la Cour d'appel de Bordeaux du 3 février 1904, intervenu au sujet de l'affaire Jabouille (1). Le prévenu Jabouille, condamné par défaut et sous mandat d'arrêt, s'était réfugié en Espagne et son extradition avait été demandée par voie diplomatique au gouvernement espagnol. Avant que ce dernier ait pu examiner la demande qui lui était faite, Jabouille était expulsé par le gouverneur de la province non informé de la requête à fin d'extradition, et remis à nos agents de la frontière. Arrêté et condamné, il protesta et saisit la Chancellerie de sa réclamation. Appel fut interjeté et le Ministère public invité à dénoncer à la Cour les conditions de la remise du prévenu et à requérir sa mise en liberté. La Cour fit droit à ces conclusions et déclara nulle l'arrestation à la frontière comme ne pouvant être légitimée que par le retour volontaire de l'inculpé ou à la suite d'une procédure régulière d'extradition.

Il existe, de plus, dans le même sens, de nombreuses décisions de tribunaux d'Etats faisant partie du Commonwealth australien et concernant l'extradition de transportés ou de relégués évadés de la Nouvelle-Calédonie. Ces décisions impliquent généralement une extradition régulière et non une remise aux autorités françaises par voie d'expulsion. Il en est ainsi dans un arrêt longuement motivé de la Cour d'appel de Nouméa, en date du 20 mai 1899 (2), relatif à une extradition pour délit d'évasion accordée par les autorités anglaises d'un évadé à la Nouvelle-Calédonie, décision d'autant plus intéressante que le délit d'évasion n'est pas prévu au traité d'extradition franco-anglais de 1876 et que, de plus, l'évasion n'est devenue un délit dans la législation française qu'en 1885 seulement, c'est-à-dire postérieurement au traité. Le point particulier de l'extradition accordée dans d'autres cas et pour d'autres crimes que ceux spécifiés dans les traités ne nous intéresse pas pour le moment ; mais ce qu'il nous importe de retenir, c'est que l'évasion d'un détenu ou d'un condamné ne justifie, en aucune façon, l'abandon des règles de l'extradition auxquelles on doit toujours recourir et il est à observer que les autorités anglaises ont toujours suivi cet usage.

---

(1) V. la *Revue de droit international privé*, Darras, 1905, p. 704.
(2) V. *Journ. de dr. intern. privé*, 1903, p. 354.

L'arrêt de la Cour d'appel de Bordeaux est donc absolument typique, et il n'est nullement infirmé par un arrêt du 1er octobre 1904 de la Cour de Nouméa, ainsi, d'ailleurs, que M. Leboucq le démontre d'une façon péremptoire dans sa note sous ledit arrêt.

Voici dans quelle occasion ce deuxième arrêt fut rendu : des condamnés aux travaux forcés, évadés de la Nouvelle-Calédonie, avaient débarqué dans la Nouvelle-Guinée allemande, et s'étaient engagés sur un chantier forestier. Mais le Gouverneur de la colonie, qui reconnut dans ces immigrants des criminels dangereux, ordonna leur expulsion, les fit embarquer à bord d'un navire allemand et les remit, à Sydney, aux mains du consul français.

Traduits devant la Cour de Nouméa, pour abus de confiance qualifié commis avant leur évasion, ils déposèrent des conclusions dans lesquelles ils déclaraient comparaître contraints et forcés, en protestant contre leur expulsion de la Nouvelle-Guinée allemande et en demandant leur remise dans la situation où ils étaient avant leur arrestation. La Cour de Nouméa considérant que l'extradition est un acte de souveraineté échappant au contrôle de l'autorité judiciaire, se déclara incompétente pour ordonner le renvoi des accusés en Nouvelle-Guinée allemande. Elle refusa, en conséquence, d'examiner la régularité de la remise des prévenus devant elle et elle prononça leur condamnation. Cet arrêt, quoique contraire à celui de la Cour de Bordeaux, se concilie cependant avec lui, et la contrariété des deux décisions n'est qu'apparente. En effet, il est admis aujourd'hui que l'extradition est un acte de souveraineté, et on décide qu'en l'absence d'une loi d'extradition dont il puisse invoquer la violation, un prévenu n'a pas qualité pour réclamer, dans un intérêt purement personnel, contre les vices prétendus de son extradition soit dans la forme, soit dans le fond : Cass. 11 mars 1847 (S. 47, 1, 397) ; 18 juillet 1851 (S. 52, 1, 157) ; 23 déc. 1852 (S. 53, 1, 400) ; 4 juillet 1867 et 25 juillet 1867 (S. 67, 1, 409) ; 13 avril 1876 (S. 76, 1, 287) ; 11 mars 1880 (S. 81, 1, 329) ; 2 juillet 1898 ; C. Nouméa 20 mars 1899 ; Bordeaux 13 mai 1905 ; Ducrocq, *Rev. crit.* 1866, t. 29, p. 481 ; 1867, t. 30, p. 1 et suiv. ; Dalloz 1867, 1, 281, note de M. Leroy, avocat général.

D'autre part, le principe de séparation des pouvoirs s'oppose, en France, à ce que l'autorité judiciaire surseoie, afin de faire prononcer administrativement sur l'extradition, lorsque les accusés lui sont déférés par le gouvernement : Cass. 3 déc. 1866 (S. 67, 1, 409) ; 18 juillet 1851 (S. 52, 1, 157) ; 23 déc. 1852 (S. 53, 1, 400) ; 26 juillet 1867 (S. 67, 1, 409) ; Lyon 13 mai 1889 (S. et P. 92, 2, 116) ; Ducrocq, *Traité de l'extradition,* p. 38 ; Beauchet, *Extradition,* n. 885.

Ainsi, la Cour de Nouméa, incompétente pour connaître de la prétendue irrégularité de l'extradition, ne pouvait surseoir en vue de l'examen des griefs invoqués sans méconnaître le caractère de l'extradition, acte de souveraineté, et sans violer par suite le principe de la séparation des pouvoirs.

Au contraire, la Cour de Bordeaux pouvait ne pas tenir compte des conclusions du prévenu puisqu'elle était saisie de conclusions du ministère public dénonçant au nom du Gouvernement l'irrégularité de la remise de l'inculpé. Il n'y avait donc plus devant elle présomption de la régularité de cette remise et elle était invitée par le Gouvernement lui-même à l'examiner.

Remarquons que le Gouvernement français a toujours refusé d'admettre que l'expulsion puisse suppléer à l'extradition et toujours la chancellerie s'est élevée contre la tendance des magistrats, principalement des pays frontières, à procéder à des extraditions *brevi manu*. Elle leur interdit de se concerter avec les autorités judiciaires ou administratives des pays voisins pour en obtenir la remise des fugitifs en dehors de la procédure d'extradition (1).

On peut citer dans le même sens le refus du Ministre de la guerre de poursuivre le soldat Jérôme, inculpé de désertion et de vol d'effets militaires, qui, expulsé d'Allemagne, avait été remis, malgré l'absence de toute demande d'extradition, à nos agents à la frontière par la police impériale (2). Dans cet ordre d'idées, Faustin-Hélie s'exprime ainsi : « Il ne suffit pas à la justice que le prévenu soit traduit à sa barre ; il faut que les actes qui ont amené son arrestation soient réguliers ; il faut que les traités diplomatiques, sous la protection desquels il se trouve, aient été respectés, car elle doit être régulièrement saisie. Supposons par exemple que le prévenu ait été violemment saisi sur le territoire étranger par les agents de la force publique ou qu'il ait été livré par quelque autorité subalterne à l'insu des deux gouvernements. Comment dénier à l'accusé la faculté de faire valoir le fait violent et frauduleux qui a amené son arrestation ?

Un arrêt de la Cour de cassation du 3 mai 1860 (S. 61, 1, 48) consacre la même théorie. Il s'agissait d'un nommé Galand, expulsé de Savoie, alors pays sarde. Laissé en liberté à la frontière, il fut arrêté par des gendarmes français. Devant les tribunaux, il souleva une exception préjudicielle sur la légalité de son arrestation, exception qui fut repoussée. Le pourvoi fut rejeté, motif pris de ce que l'arrestation était régulière, ayant eu lieu en France, et de ce que Galand n'avait pas été livré par les carabiniers piémontais aux gendarmes français. Il semble bien que dans cette dernière hypothèse, l'arrêt eût admis la nullité de l'arrestation et, partant, de la procédure. Aussi, il ne nous est pas possible d'admettre l'opinion de ceux qui prétendent que l'arrêt en question n'a pas cette portée et justifie au contraire les poursuites contre un expulsé en déclarant valable l'arrestation en France. Pour se convaincre de l'inexactitude de cette opinion, il suffit de lire l'arrêt dans son texte intégral et sans en détacher l'unique phrase disant que l'arrestation est régulière comme ayant eu lieu en France. Il y en a, en effet, d'autres qui soulignent le fait de la non remise de l'expulsé par les carabiniers piémontais aux gendarmes français, et qui, par suite, affirment qu'il n'y a pas eu d'extradition nulle et déguisée.

Cette décision est à rapprocher de l'arrêt de la Cour de Bordeaux inter-

---

(1) V. Leboucq, *op. cit.* ; Bomboy et Gilbrin, *de l'Extradition*, p. 14 ; Rapport à l'Assemblée fédérale pour 1893, *Journ. de dr. intern. privé* 1895, p. 701.

(2) *Journ. de dr. intern. privé* 1889, p. 594.

venu dans l'affaire Jabouille et en est la confirmation. Un autre rapproche-
ment s'impose encore : c'est celui de l'arrêt du 31 juillet 1845 (aff. Bastianesi). Le prévenu poursuivi en Corse avait réussi à gagner la Sardaigne, et
l'avait quittée sur un bateau-poste sarde qui, pour fuir la tempête, se réfu-
gia dans le golfe d'Ajaccio. Le parquet, avec l'autorisation du consul sarde
et du capitaine du navire, vint à bord où le fugitif fut appréhendé par l'équipage sarde et remis aux autorités françaises. Devant la Cour d'assises, Bastianesi réclama contre l'irrégularité de son arrestation. Le Gouvernement
français avait demandé l'approbation du Gouvernement sarde, et la Cour se
déclara compétente par suite de cette approbation. Le pourvoi fut donc rejeté. Il résulte de cet arrêt que la Cour exige comme base de l'arrestation et
des poursuites une procédure d'extradition ou tout au moins une ratification ultérieure couvrant l'illégalité des actes accomplis. Remarquons que
dans cette espèce l'irrégularité de l'arrestation n'était pas douteuse : celle-ci
avait été faite sur un paquebot-poste étranger, c'est-à-dire fictivement à
l'étranger, et par des agents étrangers subalternes. Les mandats de justice
français avaient ainsi produit effet sur le sol étranger, et ils avaient amené
l'arrestation hors de notre territoire.

L'arrêt Bastianesi va, à notre avis, un peu trop loin quand il admet qu'il
peut y avoir de la part des deux Etats une ratification ultérieure des actes
illégaux. C'est faire bon marché, dans ce cas, des droits de l'intéressé, mais
il est vrai que ces droits sont absolument méconnus dans le système français actuel, qui affirme l'incompétence de l'autorité judiciaire pour statuer
sur les conclusions aux fins de nullité de l'extradition. M. Bernard (1) s'élève
avec raison contre une pareille théorie qu'il qualifie d'indigne de notre civi-
lisation, car, dit-il, pourvu que deux gouvernements soient d'accord, ils
peuvent fouler aux pieds les pactes ratifiés par le pouvoir législatif, s'en-
tendre pour enlever mutuellement de leur territoire les réfugiés qu'il leur
plaît de se livrer, les pousser à la frontière où les attendent des agents se-
crets comme dans une souricière, et se décerner ensuite un bill d'indemnité
pour les arrestations violentes et arbitraires commandées ou tolérées réci-
proquement. On a vu que M. Faustin-Hélie partageait cette manière de voir.

Il est vrai qu'il existe, en sens contraire à la décision de la Cour de Bordeaux rapportée ci-dessus, certaines décisions de justice. C'est ainsi que la
Cour supérieure de l'Illinois a décidé, en mai 1884 (Ker, *Journ. de dr. intern. privé.* 1886, p. 491), que les pouvoirs de l'autorité judiciaire ne com-
portent aucune restriction, si elle est en présence non d'un extradé, mais
d'un fugitif arraché de son asile et ramené par la force dans le pays pour-
suivant.

C'est ainsi également que le tribunal supérieur de marine d'Italie a admis
la régularité des poursuites contre un nommé Mérighi, sujet italien expulsé
par le gouvernement français, et reconduit à la frontière italienne où il fut
arrêté (*Journ. de dr. intern. privé*, 1889, p. 909). Ce tribunal estima que les

---

(1) Bernard, *De l'extradition*, t. II, p. 538.

conventions internationales d'extradition ne devaient pas recevoir d'application lorsque le prévenu était remis aux autorités poursuivantes par toute autre voie que celle de l'extradition. Dans le même ordre d'idées, on peut citer enfin un arrêt du Conseil de guerre d'Hanoï, en date du 27 juillet 1890, concernant un individu expulsé d'un pays de refuge et remis à la frontière à nos agents (*Journ. de dr. intern. privé*, 1891, p. 233).

Toutes ces décisions nous paraissent sujettes à caution et très discutables. Si elles devaient se généraliser, l'extradition deviendrait complètement inutile, et on pourrait, d'un commun accord, se soustraire à ses règles et à ses formalités. On ne peut admettre une pareille solution qui, non seulement rendrait sans objet des conventions internationales, mais encore priverait de toute espèce de garanties des individus peu intéressants, il est vrai, dans nombre de cas, mais qui n'en ont pas moins droit à certaines mesures de protection contre des actes arbitraires et irréguliers. Sans doute, à cause du principe de la séparation des pouvoirs, on n'ose pas en France reconnaître aux tribunaux le droit de statuer sur les conclusions déposées devant eux par les intéressés et développant les cas de nullité de leur extradition. Mais ce système nous paraît condamnable et il nous indigne autant que M. Bernard lui-même. Non seulement un tribunal devrait avoir le droit de statuer dans une pareille hypothèse, mais il doit *à fortiori* le faire lorsqu'au lieu d'une extradition plus ou moins régulière il y a eu expulsion suivie d'arrestation. En pareil cas, il y a violation flagrante d'un traité, acte solennel international, et même de l'acte du pouvoir législatif approuvant ou ratifiant ladite convention. Les tribunaux puiseraient, selon nous, dans la méconnaissance de ce texte législatif la faculté de rechercher si l'arrestation de l'inculpé et sa comparution devant eux se sont produites dans des conditions conformes aux règles édictées par lui.

Ceux qui affirment qu'aucun obstacle juridique ne s'oppose à l'arrestation d'un individu revenu sur notre territoire contre son gré par accident ou force majeure, ont cru trouver une objection décisive à notre thèse dans l'usage qui s'est établi de ne pas refouler un étranger sur la frontière du pays où il se déclare exposé à des poursuites. Pourquoi cet usage, disent-ils, si ce n'est parce que son arrestation serait parfaitement licite? Une pareille interprétation est erronée. D'abord, si l'arrestation d'un réfugié qui aborde un pays par suite d'un acte indépendant de sa volonté (tempête, etc.) est reconnue régulière, on a pu se demander si cela était bien correct et l'on a, malgré tout, quelques scrupules à se décider en faveur de l'affirmative. Mais quand l'individu est expulsé d'un pays et reconduit à la frontière, la situation est entièrement différente. Dans le premier cas, il n'y a pas eu, comme dans le second, violation d'un traité d'extradition. Ce sont les événements seuls qui ont ramené le délinquant dans le pays qu'il a intérêt à fuir. Quant à l'usage de ne pas refouler un étranger sur le pays où il est susceptible d'être condamné, il se justifie par des considérations d'humanité, et il faut y voir, de plus, une observation des règles de l'extradition, lesquelles s'opposent précisément à un pareil refoulement. Loin d'être un argument pour nos adversaires, cet usage en est, au contraire, un en notre faveur.

Les autres arguments de ces mêmes adversaires ne nous paraissent pas davantage convaincants. Les traités d'extradition, disent-ils, n'ont pour but que de régler les rapports entre les Etats contractants, et de déterminer les conditions auxquelles ils sont tenus de se livrer les délinquants quand ils sont sur leur sol, et d'autre part, ils ne créent pas de droit aux fugitifs.

Sur ce dernier point, on sait notre opinion, et ce sera un progrès du droit des gens que de reconnaître nettement ce droit aux fugitifs. Dans les pays civilisés, l'arrestation des délinquants, l'instruction des actes qui leur sont reprochés, la procédure criminelle en un mot, font l'objet de mesures précises où se manifeste un souci de plus en plus grand de donner des garanties aux inculpés. Pourquoi en serait-il autrement en droit international ? Pourquoi leur refuserait-on des garanties de même nature ?

Quant à l'autre partie de l'argumentation, elle ne veut rien dire. Il est bien certain, en effet, que les conventions d'extradition fixent les conditions de la remise des délinquants qui se trouvent sur les territoires respectifs des Etats contractants ; mais encore est-il qu'il ne faut pas tourner ces conventions, et les rendre inutiles en usant du procédé de l'expulsion.

Remarquons que les textes sur l'immigration des étrangers n'infirment nullement notre thèse. Un Etat est libre et accomplit un acte de souveraineté intérieure quand il réglemente cette immigration et décide en particulier de ne pas recevoir sur son sol telle ou telle catégorie d'immigrants, les délinquants en particulier. On ne peut soutenir que la situation de l'immigrant non admis est analogue à celle de l'expulsé, car ledit immigrant ne fait pas l'objet d'une expulsion. Le résultat peut être, en fait, le même si cet immigrant non admis est ramené dans le pays qu'il fuit ; en droit, sa situation n'offre aucun rapport. Il y a une règle supérieure de loyauté, de morale et d'honnêteté qui proscrit à un Etat de se débarrasser d'un fugitif en l'expulsant et en le ramenant jusqu'à la frontière du pays dont il veut s'échapper, alors que cet Etat a sous la main le procédé régulier de l'extradition. Cette règle n'est nullement violée par la non-admission pure et simple de certains étrangers et leur interdiction de débarquer ou d'entrer dans le territoire de l'Etat. Ce dernier agit, encore une fois, dans la plénitude de son droit et il ne viole aucune règle.

La conclusion de ce que nous venons de dire, c'est qu'il est déjà déplorable d'empêcher les tribunaux, sous prétexte de séparation des pouvoirs, d'examiner, quand ils en sont requis par les intéressés, si ces derniers ont été régulièrement livrés à la justice criminelle. Il importe, au moins, de leur maintenir cette faculté dans toute sa plénitude quand ils peuvent en faire usage, c'est-à-dire quand l'Etat dont ils relèvent leur permet d'agir ainsi. Il faut donc, en approuvant entièrement l'arrêt de la Cour de Bordeaux, affirmer qu'il a la valeur d'une décision de principe et reconnaître qu'il fixe la règle à suivre dans toute hypothèse semblable. Remarquons qu'en Angleterre, où les pouvoirs des tribunaux sont plus étendus qu'en France et où le mécanisme de l'extradition est plus perfectionné, puisqu'elle n'a pas le caractère bureaucratique qu'elle a malheureusement conservé chez nous, les intéressés possèdent ces garanties que nous voudrions leur voir accorder. Il leur est toujours possible de dénoncer les irrégularités de leur arrestation. L'analogie de l'affaire Savarkar avec celle de l'affaire Jabouille saute aux yeux et la solution qui s'est imposée dans ce dernier cas s'impose également dans celui qui nous intéresse. Sans doute, il n'y a pas eu d'expulsion proprement dite pour Savarkar ; mais ce fait souligne et aggrave encore l'irrégularité de la remise aux autorités britanniques dans l'espèce qui nous occupe. Du reste, non seulement l'Indien proteste lui-même contre les conditions dans lesquelles cette remise s'est effectuée, mais l'Etat français s'associe à ses protestations, puisque le différend est aujourd'hui soumis à un tribunal d'arbitrage.

On se trouve donc bien en présence du cas souligné dans l'arrêt de la Cour de Bordeaux : celui où l'Etat reconnaît lui-même l'irrégularité de la remise. L'affaire est en effet la même *mutatis mutandis*, et il suffit de supposer pour un instant que Savarkar, sujet français, ayant débarqué en Angleterre au cours d'une escale a été remis par un agent anglais aux autorités françaises. Par application de la théorie exposée dans la décision de la Cour de Bordeaux, nos tribunaux ne devraient pas considérer cette remise comme légale.

Pour s'opposer à la restitution de Savarkar par la Grande-Bretagne, ne pourrait-on pas dire que l'hindou a renoncé aux formalités de l'extradition ? Bien évidemment non, puisqu'il ne cesse de protester avec la dernière énergie contre son arrestation, et au surplus la pratique internationale veut que cette renonciation soit absolument sincère, ce qui ne serait pas le cas ici. D'autre part, ne pourrait-on pas voir dans la remise de Savarkar par la France à Marseille une véritable expulsion, légitime par suite et sur laquelle l'Angleterre se baserait pour refuser de rendre l'hindou livré entre ses mains ? Cela ne nous semblerait pas sérieux, l'expulsion est un acte gouvernemental émané du Ministre de l'Intérieur et exceptionnellement du Préfet. Même si Savarkar avait été arrêté par un haut fonctionnaire, par le Préfet par exemple, on ne pourrait soutenir que cette arrestation puisse équivaloir à une expulsion, l'arrêté ordonnant cette expulsion n'ayant pas été préalablement rendu. Aussi nous ne nous arrêterons pas davantage à ces objections que nous estimons sans portée.

Ne pourrait-on se baser aussi, pour soutenir que l'Angleterre doit restituer Savarkar à la France, sur la nature du délit qui lui est reproché et dire que ce délit, ayant un caractère politique, il ne rend pas, par suite, son auteur susceptible d'extradition suivant la doctrine universellement admise ?

Evidemment oui, mais à la condition qu'il soit possible de prouver la nature politique de ce délit ; or, on sait combien il est difficile de définir le délit politique. Sans doute, quand un pareil délit est nettement caractérisé, il n'y a pas lieu à extradition et l'on admet généralement la même solution en cas de crime politique relatif, c'est-à-dire d'infraction de droit commun connexe à un crime politique, par exemple de meurtre, d'incendie, de vol au cours d'un mouvement insurrectionnel. Il est à noter cependant que beaucoup d'auteurs ne voudraient plus voir les délits politiques relatifs bénéficier de cette faveur. Par contre, elle est nettement refusée aux délits sociaux. La doctrine a proclamé cette théorie et elle est admise aujourd'hui dans la pratique internationale (Extradition par l'Angleterre à la France de l'anarchiste François, extradition du nommé Meunier, *Journ. du dr. intern. privé* 1893, p. 479 et 1895, p. 643 ; extradition par la France à l'Italie du nommé Lucchesi, coupable de meurtre par vengeance anarchiste, Diena, *Rev. du dr. intern. public* 1895, p. 324 ; extradition par la Suisse à l'Italie des nommés Ritalta et Guerrini, inculpés de tentatives d'explosion au moyen de bombes, Diena, *Ibid.*, et *Journ. de dr. intern. privé* 1897, p. 1118).

Or, les crimes et délits reprochés à Savarkar n'ont certainement pas le caractère du véritable délit politique, et ils ne constituent même pas des délits politiques relatifs. On ne peut y voir que des crimes de droit commun ou bien des crimes sociaux, de nature anarchiste, et précisément dans ces deux cas l'extradition est licite.

On voit, dans ces conditions, qu'une base solide ferait défaut sur ce terrain pour soutenir que la restitution par l'Angleterre s'impose, et c'est pourquoi nous avons négligé cet examen. Nous le ferons avec toute l'ampleur qu'il mérite dans la deuxième partie de cette étude, en recherchant les chances d'une procédure d'extradition engagée par la Grande-Bretagne à la suite de cette remise. Les deux questions sont, en effet, distinctes et doivent être abordées successivement. Celle de la remise s'impose la première et le tribunal arbitral aura à la résoudre. Mais celle de l'extradition ne le concerne pas à notre avis, et nous ne pensons pas que le tribunal ait à entrer dans cette voie en cherchant à préciser la notion du délit politique. Que la remise à la France doive avoir un effet temporaire ou définitif comme ce serait effectivement le cas si aucune extradition ultérieure n'était possible, peu importe ; la légitimité de cette remise doit être considérée en elle-même.

En résumé, nous estimons que la remise est pleinement et suffisamment justifiée par le fait qu'il y a eu extradition en dehors de toute espèce de formalités et contrairement aux règles du droit international, et nous exprimons avec une personnalité anglaise elle-même, sir Henry Cotton, l'espoir de voir le tribunal arbitral rendre une sentence ordonnant la restitution à la France de l'hindou Savarkar.

## II

Il y a lieu de considérer maintenant si, la restitution ayant été effectuée, une extradition régulière serait possible.

A cet effet, il faut rechercher en premier lieu si le délit reproché à Savarkar constitue un délit politique, à raison duquel, suivant la doctrine généralement admise, il ne saurait être extradé, et en second lieu, dans l'hypothèse où ce délit n'aurait pas un caractère politique, si, d'après les conventions actuelles entre la France et Grande-Bretagne, l'extradition serait encore possible.

La question de savoir si un acte délictueux a ou non un caractère politique est une question de fait que les autorités du pays requis apprécient souverainement. Pourquoi cette appréciation? C'est qu'en règle générale l'extradition n'a pas lieu pour les crimes et les délits politiques, ainsi qu'on l'a déjà expliqué. On sait que l'extradition, basée à la fois sur l'idée de justice et d'utilité, tout comme le droit de punir dont elle n'est d'ailleurs qu'une application, se justifie par la solidarité internationale existant entre les différents peuples pour sanctionner la justice criminelle. Les Etats ont le devoir impérieux de réprimer les infractions, qu'elles soient commises sur leur territoire ou hors de leur territoire, par des nationaux ou par des étrangers. Telle est la théorie moderne qui, si elle n'est pas encore consacrée partout, tend à se faire reconnaître unanimement. En France on réprime les crimes commis à l'étranger par les nationaux ; mais on n'extrade pas ceux-ci bien que la tendance générale paraisse être, avec raison, de nos jours en faveur de l'extradition des nationaux. Quand l'auteur d'un crime commis à l'étranger est lui-même étranger, on le punit, s'il se trouve aux mains de l'autorité française, dans un cas exceptionnel où son crime revêt un caractère spécial de gravité : quand il porte atteinte à la sûreté ou au crédit de l'Etat français (Art. 7 C. instr. crim). On suppose, avec raison, que dans ce cas la répression de la part d'un gouvernement étranger serait insuffisante aux yeux de l'Etat français. C'est pourquoi il n'y a pas d'extradition possible dans cette hypothèse.

L'Autriche et l'Italie ont une législation plus perfectionnée et qui devrait servir de type : si l'étranger a commis à l'étranger un crime grave on l'extrade et on le remet à son pays d'origine, ou bien, en cas de non-extradition, l'Etat de refuge le juge d'après la loi locale, ou celle *locus delicti* si elle est moins rigoureuse. Il est assez rare cependant qu'un Etat ait à juger un étranger à raison d'un crime commis à l'étranger, parce que la pratique de l'extradition est devenue de plus en plus répandue, et on vient de voir qu'en ce qui concerne la France, ce cas est unique, l'étranger n'étant pas, en règle générale, justiciable des tribunaux français pour des crimes et délits commis à l'étranger.

Autrefois, l'extradition n'avait lieu que pour des crimes politiques, ou plutôt la notion du délit politique n'existant pas encore, pour les crimes les plus graves, qui étaient alors ceux dirigés contre le souverain ou contre la religion d'Etat. Les premières conventions internationales pour la remise des criminels furent conclues dans l'intérêt exclusif des gouvernements (1). C'est ainsi que le traité de 1174 entre les rois d'Angleterre et d'Ecosse stipulait la remise réciproque des traîtres et félons des deux pays. De même le traité de mai 1303 entre la France et l'Angleterre. En 1497 le roi d'Angle-

_______________

(1) Beauchet, *Traité de l'extradition*, Chevalier-Marescq, 1899.

terre signa avec les Flamands un traité dénommé « Intercursus magnus », par lequel les deux parties s'engageaient à ne pas donner asile aux malfaiteurs politiques des deux pays. A la même époque, Henri VII obtint de Philippe le Bel l'extradition du duc de Sufflolk, accusé de haute trahison. Plus tard, au xvii⁰ siècle, la Hollande livra des régicides à l'Angleterre. Mais somme toute, l'extradition véritable et telle que nous la comprenons aujourd'hui fut peu pratiquée : il s'agissait plutôt alors de restrictions internationales apportées au droit d'asile. A partir du xviii⁰ siècle, l'extradition devint normale et s'appliqua aux crimes de droit commun comme à ceux politiques, et c'est alors que la pratique de l'extradition fut régularisée. On sait qu'au xix⁰ siècle, par suite du progrès des idées libérales, la notion du délit politique apparut et se précisa. On considéra comme rentrant sous cette rubrique toute atteinte portée aux institutions politiques d'un pays.

Toutefois, l'examen des faits pendant les trente premières années du xix⁰ siècle révèle certaines incertitudes et quelques contradictions, avec tendance cependant à la reconnaissance d'un droit d'asile politique et M. de Bonald s'était nettement prononcé dans ce dernier sens.

Avec la monarchie de Juillet, le principe de la non-extradition en matière politique s'affirma nettement (1), et cela s'expliquait par suite des événements politiques d'alors amenant alternativement des succès suivis de revers. C'est dans le traité franco-suisse de 1833 que l'on vit pour la première fois formulée cette nouvelle règle qui, au début du moins, fut interprétée dans un sens très large.

A la suite d'attentats dirigés contre la vie des souverains, une certaine réaction vers la sévérité se manifesta en 1856. A cette époque, on déclara que le régicide n'était pas un crime politique, mais bien un crime de droit commun, et on inséra dans les traités d'extradition une clause connue sous le nom de clause belge d'attentat, car c'est dans un traité franco-belge qu'elle fut insérée d'abord. Plus tard, les Etats-Unis l'ont admise également. L'Italie et la Suisse, très favorables au début à la notion de refuge en matière politique, ont, à la suite de la fréquence des actes anarchistes, restreint la portée du délit politique. Quant à l'Allemagne et à la Russie, elles ont, au contraire, pour des motifs spéciaux et par des traités conclus en 1885, admis entre elles l'extradition même pour des faits politiques. L'Angleterre, elle, a toujours manifesté une tendance très nette pour la non-extradition en matière politique et en faveur de l'extension du délit politique, car, alors que ce principe n'a été admis en France qu'à partir de 1830, il était déjà accepté en Angleterre depuis de longues années. C'est ainsi que, par une interprétation abusive, elle a refusé à la France l'extradition de communards coupables de crimes et de délits de droit commun.

Il semble cependant qu'elle est moins disposée aujourd'hui à étendre cette notion du délit politique, et tout en tenant à affirmer son respect du droit

---

(1) Ordonnance du 19 décembre 1834 publiant le traité franco-belge. Circul. du Min. de la Justice du 6 avril 1841.

d'asile en matière politique, elle est moins portée qu'autrefois à exagérer. En effet, elle a livré à la France l'anarchiste François, accusé de complicité dans l'explosion du restaurant Véry. Le juge d'extradition décida, à cette occasion, qu'on ne pouvait considérer comme une infraction politique l'acte d'un individu qui détruit un bâtiment et tue deux personnes. On peut affirmer qu'en l'état actuel du droit international et par suite d'une tendance universelle, pour qu'un crime ou un délit soit réputé de nos jours crime ou délit politique, il ne suffit pas que son mobile soit tel, il faut encore qu'il soit dirigé contre un certain ordre établi, et non contre les bases mêmes de la vie sociale. C'est ainsi que les crimes et les délits anarchistes ne peuvent pas prétendre à l'impunité accordée aux actes criminels politiques. Non seulement la pratique internationale est en ce sens, mais encore les théoriciens ont, à maintes reprises, exprimé la même opinion. L'Institut de droit international a proposé la restriction du droit d'asile et consacré cette manière de voir en 1892 dans sa session de Genève. Il a décidé que ne sont point réputés politiques les faits délictueux qui sont dirigés contre les bases de toute organisation sociale et non pas seulement contre tel Etat déterminé ou contre telle forme de gouvernement. C'est à cause de cette interprétation, admise par tous les Etats aujourd'hui, que nous ne chercherons pas à creuser davantage la notion du délit politique et à en donner une définition. Celle-ci est inutile pour résoudre la difficulté qui fait l'objet du présent travail. Bornons-nous à dire avec Soldan (1) que les délits politiques sont dirigés moins contre les bases de la société que contre l'ordre établi, moins contre le gouvernement en lui-même que contre sa forme.

A ceux qui estiment que l'extradition pour des faits se réclamant d'un caractère politique est fâcheuse et contraire au principe de la non-intervention des Etats dans leurs affaires intérieures, on peut répondre que cette immixtion ne se produit pas en réalité. En effet, ou bien le fait a un caractère politique, indiscutable et dans ce cas il n'y a pas lieu à extradition, ou bien il y a à côté d'actes invoquant des mobiles politiques des crimes ou des délits de droit commun attentatoires, non pas seulement aux institutions politiques d'un pays, mais aussi aux bases mêmes de la société civilisée, ou bien répugnant à la morale universelle, tels que les assassinats, les meurtres, les tentatives criminelles de ce genre, les explosions, les incendies, les vols graves, etc., et dans ces cas on ne voit pas pourquoi l'extradition serait refusée. Elle doit d'autant moins l'être que la communauté d'intérêts existant entre les nations grandit sans cesse et que des raisons d'utilité commune leur commandent impérieusement de se défendre contre des actes qui leur préjudicient à toutes également, qui sont odieux et qui révoltent la conscience publique. En un mot, il y a lieu d'exclure de la non-extradition réservée aux délits politiques les crimes et délits sociaux, ainsi que les crimes et délits particulièrement odieux, même quand c'est la politique qui est la cause de leur accomplissement.

_______

(1) Soldan, *L'extradition des criminels politiques*, Thorin 1882.

Pendant longtemps, on a considéré que lorsqu'il y avait concurremment un crime politique et un crime de droit commun, la notion de crime politique devait l'emporter, et c'est en se fondant sur cette théorie qu'on a refusé à la France l'extradition des insurgés de la Commune.

Aujourd'hui, une pareille interprétation ne serait plus admise et elle est unanimement repoussée. Si un fait criminel se produit au cours d'une insurrection ou d'une lutte politique, il faut encore, pour que l'extradition ne soit pas possible, que ce fait soit un élément ou constitue une partie intégrante de cette lutte politique. C'est ce qu'a décidé le juge anglais Denman en refusant, le 10 décembre 1890, l'extradition de Castioni, accusé du meurtre du conseiller d'Etat Rossi, au cours d'un mouvement insurrectionnel qui avait éclaté à Bellinzona. En l'absence de troubles et d'insurrections, un crime n'est pas politique par cela seul que son mobile l'est, il faut encore le but politique, c'est-à-dire l'intérêt d'un parti. C'est ainsi que l'assassinat de Marat, par Charlotte Corday, constitue un crime politique. Au contraire, le meurtre d'un homme politique (autre qu'un chef d'Etat), ministre, député, haut fonctionnaire, même inspiré pour des raisons d'ordre politique, n'est pas un acte politique, puisqu'il n'entraîne pas par lui-même de changement politique. Le meurtre de Monseigneur Affre, pendant les journées de Juin 1848, avait sa cause dans les passions politiques, il ne constituait pas un acte politique. La distinction entre le motif et le but peut être parfois assez délicate à faire ; nous croyons qu'elle est surtout plus difficile à exprimer et à formuler, car lorsqu'elle se présente en pratique sous une forme concrète, on peut arriver à la dégager.

En tout cas, il est à noter qu'en dehors de l'hypothèse de la guerre civile ou de l'insurrection, l'homicide volontaire n'est pas considéré comme un acte politique (En ce sens : Lammasch, *Das recht der auslieferung wegen politischer verbrechen*, Wien 1884, et projet de loi italien sur l'extradition). On a vu plus haut que l'Institut de droit international avait, à la suite du rapport de M. Albéric Rolin, refusé le caractère politique aux crimes sociaux. Là encore, la distinction peut être difficile, mais elle est possible et susceptible d'apparaître très clairement dans nombre d'espèces particulières. Un autre motif de se montrer particulièrement sévère dans l'interprétation à donner à la notion d'acte politique vient de ce qu'aujourd'hui, par suite du régime libéral de la presse, il est loisible à tout le monde de s'exprimer librement sur telle ou telle constitution politique, tel ou tel système de gouvernement. Ce droit de critique est reconnu presque partout d'une façon très large. Mais ce qu'on ne peut admettre c'est qu'il se manifeste avec violence, sous une forme révolutionnaire, avec le but plus ou moins avoué d'amener des troubles, des désordres et des actes criminels.

Toutefois, ainsi que l'expose Diena (1), il faut tenir compte moins du but que se proposent les fauteurs de troubles que des moyens qu'ils entendent

---

(1) Diena. *Les délits anarchistes et l'extradition. Revue de droit international public*, 1895, p. 306.

employer pour parvenir à leur but, et si ces moyens constituent un danger pour la société, l'extradition est légitime puisque la répression elle-même l'est. En résumé, on peut extrader en cas de crime ou de délit de droit commun commis dans un but politique et par exemple dans un but de propagande anarchiste ou socialiste. On peut extrader également quand les moyens employés pour la propagande politique qu'elle qu'elle soit, anarchiste, socialiste ou autre, sont criminels ou délictueux. Ce qui motive la non extradition des crimes et des délits politiques, c'est que ces actes n'inspirent pas de répulsion, même de la part de ceux qui ne partagent pas les opinions de leurs auteurs. Au contraire, quand ces actes soulèvent l'opinion publique, ils ne peuvent pas être politiques, il n'y a pas lieu de faire une distinction dans cet ordre d'idées suivant que le pays de refuge est républicain ou non et c'est l'opinion d'un éminent professeur de la Faculté de Droit de Paris, M. Louis Renault, qui répondait qu'un Etat républicain pouvait aussi bien qu'un Etat monarchique, estimer criminelle les tentatives pour renverser la constitution d'un pays, et il ajoutait qu'il ne répugnerait pas davantage aux idées de droit de l'un ou de l'autre pays de contribuer aux châtiments d'individus qui auraient amené la guerre civile dans leurs patries, que les institutions de celles-ci fussent monarchiques ou républicaines.

Si nous insistons plus particulièrement sur les crimes anarchistes, c'est qu'ils méritent d'être considérés à part malgré les protestations et les prétentions de leurs apologistes.

Les crimes anarchistes qui mettent en péril la société moderne ont nécessité des mesures spéciales de répression de la part des différentes nations. Il a fallu édicter des lois sur la fabrication et la détention illicite de matières explosives, il a fallu également empêcher les associations de se constituer dans un but de propagande anarchiste ; on a dû, enfin, interdire les excitations orales ou par voie de la presse à commettre des actes délictueux. Pour ne nous en tenir qu'à la France, ce but a été atteint par les lois du 2 avril 1892, du 13 et du 19 décembre 1893 et du 28 juillet 1894. La première de ces lois, qui modifie l'art. 435 du Code pénal, applique les peines de l'incendie volontaire à la destruction des objets mobiliers ou immobiliers de quelque nature qu'ils soient par l'effet de toute substance explosive sans distinguer entre la destruction partielle et celle totale. En outre, le dépôt dans une intention criminelle d'un engin explosif sur une voie publique ou privée est assimilé à la tentative de meurtre.

Les lois des 13 et 19 décembre 1893 ont eu pour objet de réprimer l'apologie du vol, du meurtre, du pillage, de l'incendie et des autres crimes énoncés dans l'art. 435 du Code pénal. Cette apologie a été assimilée à la provocation, car elle a été considérée comme étant tout aussi dangereuse.

Quant à la provocation à des crimes et à des délits, même non suivie d'effet, elle a été déclarée répréhensible et susceptible de répression légale.

D'autre part, les règles du Code pénal concernant les associations de malfaiteurs ont été renforcées et complétées, afin d'atteindre plus sûrement les sociétés secrètes anarchistes. Il en a été de même des textes relatifs à la fabrication et à la détention d'engins explosifs.

La loi du 28 juillet 1894 détermine les juridictions compétentes en cas d'actes de propagande anarchiste. On les défère aux tribunaux correctionnels, car, ainsi que l'a exposé le rapporteur de la loi à la Chambre des députés, les délits anarchistes sont des délits de droit commun.

Il n'est pas douteux, en effet, que l'anarchie dont le but est l'anéantissement de l'Etat constitue un danger pour toute société civilisée et pour l'humanité entière. Elle ne peut donc donner lieu à des délits politiques, mais bien à des délits de droit commun. Or la doctrine actuelle est qu'il faut accorder l'extradition pour les infractions de droit commun, même lorsqu'elles sont connexes à des délits politiques pourvu qu'il s'agisse d'une action qui puisse être considérée comme contraire à la morale de tous les temps et de tous les pays, que le délit de droit commun ait une gravité bien plus grande que le délit politique et que les magistrats de l'Etat requérant soient tenus de s'occuper exclusivement de l'infraction de droit commun en laissant de côté le délit politique (1).

C'est en ce sens que se sont prononcés tous les auteurs qui font autorité en droit international : Von Bar, Holtzendorff, Bulmerincq, Teichmann, Lammasch, de Martens, Calvo, Billot, Louis Renault, Despagnet, Bonfils, Rolin, etc., ainsi que les Commissions anglaises de 1868 et de 1877 d'accord avec Lawrence, le savant commentateur de Wheaton.

On voit, après tout ce qui vient d'être dit au sujet des délits anarchistes, que les délits commis par la voie de la presse ne doivent pas être considérés comme étant nécessairement des délits politiques. Les journalistes commettent des délits de droit commun lorsqu'ils provoquent à l'assassinat, à la destruction des édifices, lorsqu'ils diffament des particuliers ou des fonctionnaires publics, lorsqu'ils les outragent ou les injurient, etc. L'excitation à des délits de droit commun par la voie des journaux tombe sous le coup de la répression pénale, et son auteur ne peut pas invoquer le caractère politique de son acte pour se soustraire à l'extradition. Il en ait ainsi, que le délit ait été exécuté, qu'il ait été seulement tenté, ou que l'excitation n'ait pas été suivie d'effet, cette excitation étant envisagée en elle-même comme une participation au délit, et comme constituant un acte criminel ou délictuel suivant les cas (2).

L'acte reproché à Savarkar et qui n'est autre que la provocation à l'assassinat par la voie de la presse constitue donc bien, par application des idées exposées ci-dessus, un délit de droit commun et ne peut être regardé comme un délit politique.

La théorie internationale est fort nette à cet égard, et il est impossible actuellement que cette provocation puisse être, chez aucun peuple, envisa-

---

(1) Diena *op. cit.*

(2) En ce sens : Bernard, *Traité de l'extradition*, t. II, p. 300 ; Despagnez, *Cours de droit international public* ; Bonfils, *Manuel de droit international public*.

gée comme un simple délit politique à raison duquel son auteur pourrait réclamer un refuge hors de son pays. Remarquons, de plus, que, même pour un délit politique nettement caractérisé, l'asile n'est pas dû. L'Etat qui l'accorde agit dans un but d'humanité ; mais il est libre de le restreindre en le soumettant à certaines conditions et même de le faire cesser à toute époque, puisqu'il garde intact son droit d'expulsion des étrangers.

Mais la difficulté du problème qui se pose au sujet de Savarkar n'est cependant pas résolue. De ce qu'il s'est rendu coupable d'un délit de droit commun à raison duquel il ne peut réclamer le bénéfice de la non-extradition, il ne s'ensuit pas que celle-ci soit possible *ipso facto*. Il faut se demander, de plus, si les conventions entre la France et l'Angleterre l'autorisent (1).

Le traité du 14 août 1876 qui détermine les cas d'extradition admis entre la France et la Grande-Bretagne et qui fixe la procédure à suivre est toujours en vigueur, et il ne lui a été apporté par la convention du 13 février 1896 que des modifications de détail. Or, ce traité présente une particularité : il est limitatif, alors que le plus souvent les traités de ce genre ont un caractère énonciatif, et la circulaire du Garde des Sceaux du 30 juillet 1872 (2) avait déjà signalé ce cas tout à fait spécial. Il existe, en effet, en Angleterre, une loi sur l'extradition promulguée en 1870 (3) et contenant l'énumération limitative des différentes infractions pour lesquelles on peut livrer un criminel. Pour une infraction non prévue dans cette loi, l'extradition n'est pas admise.

En France, il n'existe pas de loi sur l'extradition et on n'a pas encore discuté le projet de loi déposé à ce sujet au Sénat le 7 décembre 1900 (*J. Off*, 27 janvier 1901. Sénat, annexe nᵒ 395). Ce projet, d'ailleurs, n'était pas le premier, car en 1879, le Sénat avait voté un texte déposé par M. Dufaure en 1878. Mais ce texte transmis à la Chambre des Députés seulement en 1892 ne fut jamais rapporté. C'est ce projet que le Gouvernement a repris en 1900, en l'amendant dans un sens large.

Le projet de loi français laisse le Gouvernement libre d'extrader dans le cas où le fait incriminé n'est pas prévu dans le traité. Il peut le faire dans ce cas sous condition de réciprocité. Cela est conforme à la pratique internationale qui ne fait pas dépendre l'extradition de la préexistence d'un traité diplomatique. Les traités se bornent à définir les obligations des parties contractantes, à les rendre claires et précises ; mais ils ne les créent pas (4).

La troisième règle d'Oxford, de l'Institut de droit international rédigée par M. Louis Renault, constate cette pratique en ces termes : « Toutefois, ce ne sont pas les traités seuls qui font de l'extradition un acte conforme

---

(1) Le fait de la nationalité hindoue de Savarkar n'est pas de nature à donner lieu à la moindre difficulté puisqu'il relève des juridictions répressives britanniques.

(2) Bomboy et Gibrin, *Traité pratique de l'extradition*, p. 195.

(3) Act de 1870 et act du 5 août 1873.

(4) Beauchet, *Traité de l'extradition*, p. 6.

au droit, et elle peut s'opérer même en l'absence de tout lien contractuel. »

Rien de pareil dans la loi anglaise, puisqu'elle a un caractère limitatif, sa législation interne prohibant toute extradition en dehors des cas prévus par les traités (1). Il est donc utile de se reporter au texte des articles du traité de 1876 et de les rappeler ici.

L'art. 3 est ainsi conçu : « Les crimes et délits pour lesquels il y aura lieu à extradition sont les suivants :

1°  .   .   .   .   .   .   .   .   .   .   .   .   .   .   .   .   .   .   .   .

3° Meurtre (assassinat, parricide, infanticide, empoisonnement ou tentative de meurtre ;

.   .   .   .   .   .   .   .   .   .   .   .   .   .   .   .   .   .   .   .   .   .

12° Actes de violence ou sévices ayant causé des blessures graves ;

13° Violences contre les magistrats et officiers publics dans l'exercice de leurs fonctions ;

.   .   .   .   .   .   .   .   .   .   .   .   .   .   .   .   .   .   .   .   .   .

23° Destruction ou dégradation de toute propriété mobilière ou immobilière punie de peines criminelles ou correctionnelles.

Est comprise dans les qualifications des actes donnant lieu à extradition la complicité des faits ci-dessus mentionnés lorsqu'elle est punie par la législation des deux pays. »

L'art. 5 concerne les délits politiques. En voici le texte : « Aucune personne accusée ou condamnée ne sera livrée si le délit pour lequel l'extradition est demandée est considéré par la partie requise comme un délit politique ou un fait connexe à un semblable délit ou si la personne prouve, à la satisfaction du magistrat de police ou de la Cour devant laquelle elle est amenée par l'*habeas corpus* ou du secrétaire d'Etat, que la demande d'extradition a été faite en réalité dans le but de la poursuivre ou de la punir pour un délit d'un caractère politique. »

Nous citons ce dernier article pour mémoire, puisque comme on l'a démontré dans la première partie de cette étude, le délit reproché à Savarkar ne saurait être considéré comme un délit politique.

Mais ce délit qui est un délit de droit commun rentre-t-il dans les hypothèses prévues par l'article 3 du traité ? Toute la question est là. Il est certain que la provocation à l'assassinat ne figure pas parmi les infractions énumérées dans cet article. En général, quand il s'agit d'une infraction non prévue par un traité d'extradition, le pays de refuge est libre d'accueillir ou de rejeter la demande. S'il l'admet, il signe le plus souvent avec l'Etat requérant une convention de réciprocité par laquelle il est décidé que l'extradition sera possible à l'avenir à raison de cette nouvelle infraction. Cette pratique a pu se développer parce que le plus souvent les listes d'infractions insérées dans les traités n'ont pas un caractère limitatif, mais simplement énonciatif. Il n'en est pas ainsi avec l'Angleterre et la liste est limita-

_______________

(1) On en trouvera un exemple typique, au sujet de l'extradition Balfour demandée par l'Angleterre à la République Argentine. *Journal de dr. intern. privé* 1893, p. 652, 1895, p. 300.

tive. Il faut donc s'en tenir au texte même du traité, or ce texte montre que l'Angleterre ne livre un criminel ou un délinquant que pour un délit consommé, exception faite en cas de tentative d'homicide. De plus, ce dernier cas est le seul spécifié où la tentative puisse donner lieu à extradition. C'est encore là une particularité du traité franco-anglais, car le plus souvent la tentative est prévue d'une manière plus large dans la plupart des autres traités. Même quand elle ne l'est pas, on admet généralement qu'elle est sous-entendue, et, par suite, le fait que l'infraction est demeurée à l'état de tentative n'est pas considéré comme suffisant à lui seul pour motiver un refus d'extradition. Les infractions anarchistes, qui ne sont pas des délits politiques ainsi qu'il a déjà été expliqué, peuvent donc donner lieu à extradition pour celles d'entre elles qui rentrent dans les délits de droit commun et c'est ainsi que l'anarchiste François réfugié en Angleterre a pu être extradé et livré à la France en 1894. Les actes à raison desquels il était inculpé rentraient bien en effet sous les différentes rubriques de l'article 3 (destruction de bâtiments, meurtres, etc.). Pour Savarkar inculpé d'un délit spécial : celui de provocation à l'assassinat non prévu comme tel au traité d'extradition franco-anglais, il semble qu'il se soit rendu coupable d'une tentative de meurtre au sens du traité. En effet, si la provocation au crime non prévue dans le traité (qui sur ce point présente une lacune importante et qu'il y aurait intérêt à combler) n'est pas délictuelle par elle-même, elle peut, lorsqu'elle est particulièrement grave, rentrer dans la participation au délit lui-même.

On sait que la législation française est établie en ce sens et que la provocation publique par voie de la presse rend son auteur complice de l'infraction et par suite susceptible de la même peine que celui qui a commis cette dernière. Cette législation va d'ailleurs beaucoup plus loin, puisque les provocations publiques à certains crimes, notamment au meurtre, à l'assassinat, à l'incendie et au vol, l'apologie de ces mêmes crimes une fois commis, l'incitation clandestine à commettre ces crimes dans un but de propagande anarchiste, sont punis comme délits spéciaux, sans qu'il soit besoin d'une autre infraction commise par un auteur principal.

En ce qui concerne Savarkar, la question est de savoir s'il est possible, par suite des termes de la convention franco-anglaise, d'aller jusque là.

Il est certain tout d'abord que si la provocation à l'assassinat reprochée à Savarkar avait été suivie d'effet, il faudrait considérer l'auteur de cette provocation comme un véritable complice, sous réserve, bien entendu, que l'on pût établir un rapport certain de cause à effet entre l'acte criminel et l'article de journal y incitant. Mais en l'absence d'acte criminel, distinct de la provocation, celle-ci répréhensible en droit interne français peut, à notre avis, donner lieu à une extradition entre la France et l'Angleterre, si elle revêt un caractère spécial de gravité, parce que dans ce cas on peut y voir une tentative d'acte criminel, tentative prévue au traité. Il est hors de doute qu'une provocation peut, à raison de ses termes, être considérée comme un commencement d'exécution d'un acte criminel. Si cet acte n'aboutit pas, ce n'est pas par la faute de son auteur qui a fait au contraire tout ce qui dépendait de lui pour l'amener, c'est seulement par suite de circonstances indépendantes de sa volonté.

On n'ignore pas que la tentative qui réunit ces conditions est punissable en droit français. Il en est de même en droit anglais puisque l'act du 5 août 1873 dispose dans son art. 3 que tout individu accusé ou reconnu coupable d'avoir conseillé, provoqué ou ordonné la perpétration d'un crime entraînant extradition ou d'avoir été complice *avant* ou *après* le crime, sera considéré comme accusé ou reconnu coupable dudit crime et, par suite, pourra être arrêté et extradé. De toute façon, il y a de la part du provocateur un commencement d'exécution d'acte criminel qui se manifeste à la fois objectivement par l'article même de provocation, et subjectivement par le mobile qui l'a inspiré. Aussi, il nous semble que l'extradition de Savarkar serait fondée, l'acte à raison duquel il est incriminé étant réprimé simultanément par les deux législations de l'Etat requis et de l'Etat requérant et est même à remarquer que la répression est plus sévère dans la législation sur la presse anglo-indienne. On sait de plus que cette incrimination simultanée est une condition de l'extradition.

Il n'est pas inutile de faire observer en terminant que, par application des règles universelles admises en matière d'extradition, l'extradé ne peut être jugé que pour les faits qui ont motivé la demande de l'Etat requérant. On sait que l'extradition doit être *bonà fide* et qu'on ne peut condamner le délinquant qu'à raison du crime ou du délit qui a servi de base à la demande d'extradition. On rappelle ici cette règle pour mémoire, car de la part de l'Angleterre, il n'y a pas lieu de craindre des abus et une pratique différente.

Ajoutons enfin que, pour nous en tenir à des considérations d'ordre juridique, nous n'avons pas voulu signaler la dépendance internationale de plus en plus étroite des Etats les uns envers les autres, dépendance qui les empêche de rester absolument indifférents à ce qui se passe chez leurs voisins, et qui leur interdit de rester impassibles vis-à-vis des événements de toute nature qui se déroulent hors de leurs frontières. Sans doute, le principe de la non-intervention leur défend de s'immiscer dans les affaires intérieures des autres nations ; mais quand il s'agit d'attaques dirigées contre les bases universelles de toute société civilisée, il y a un principe supérieur de défense commune qui doit dominer toute autre considération. Les difficultés auxquelles la Grande-Bretagne a à faire face dans l'Inde ne peuvent laisser indifférente la France, suzeraine de l'Indo-Chine, et cette raison de défense commune ne doit pas être passée sous silence. Une autre considération de fait à indiquer encore est la tendance qui se manifeste en Angleterre comme chez les autres nations d'ailleurs, à faciliter l'extradition et à la rendre d'une pratique plus aisée et plus simple. Cette tendance est parallèle à celle qui interprète dans un sens restrictif la notion de délit politique. A l'égard des crimes et délits de droit commun, les Etats veulent aujourd'hui que la répression soit très rigoureusement assurée, afin de lutter contre ce que

M. Rouher a dénommé : « l'ubiquité du mal ». C'est pourquoi la condition de réciprocité qui, le plus souvent, est exigée pour l'extradition en cas d'absence ou d'insuffisance de traité, est très fortement battue en brèche. L'Institut de droit international l'a condamnée dans sa session d'Oxford, en décidant que si la réciprocité peut être commandée par des raisons de politique, elle ne l'est pas par la justice.

La commission anglaise chargée, en 1877, de remanier l'act de 1870, loi interne d'extradition, a partagé cette opinion, et, à son avis, l'intérêt de l'Angleterre à se débarrasser des criminels qui se sont réfugiés sur son territoire est si grand qu'il n'y aurait pas lieu, dans l'avenir, de subordonner l'extradition à la réciprocité (1).

En ce qui concerne les crimes politiques, il n'est pas hors de propos de signaler dans ce travail que, par suite de la diffusion des idées libérales et démocratiques, ces crimes se conçoivent de moins en moins, et qu'en tout cas l'extradition, même pour eux, n'aurait rien de choquant (2).

C'est l'opinion de MM. de Bar, Berner, Passy et Buccellati. Ce dernier dit même, en termes excellents : « Il est libre à tout le monde de juger qu'une constitution politique donnée est plus ou moins bonne ; mais manifester cette opinion publiquement et violemment par des actes et des paroles et dans le but de détruire l'Etat, constitue toujours un délit. »

La même commission anglaise avait déclaré qu'un crime abominable commis en vue de quelque but politique ou prétendu tel ne saurait prétendre à l'impunité et être couvert par la non-extradition. Cette thèse, nous avons essayé de le démontrer, est exacte et son application à l'affaire Savarkar nous semble justifiée.

Maurice HAMELIN.

---

(1) Beauchet, *op. cit.*, p. 26.

(2) Teichmann, *Les délits politiques, le régicide et l'extradition.*

www.ingramcontent.com/pod-product-compliance
Ingram Content Group UK Ltd.
Pitfield, Milton Keynes, MK11 3LW, UK
UKHW021042220726
13924UKWH00001B/473